WILLKOMMEN BEI SORGFÄLTIG RECHERCHT UND VERPACKT

INTENSIVES SCHREIBEN

&

VERLAGSKURS

DES

NEW DIMENSION CHRISTIAN WRITERS ASSOCIATION –

EINE ABTEILUNG DER NEW DIMENSION CHAPLAINS INITIATIVE INC

HAUPTSITZ:
LAGOS, NIGERIA.

KURSÜBERSICHT FÜR HOCHFACH FORSCHENDE INTENSIVSCHREIBER- UND VERÖFFENTLICHUNGS KURS

Kurs 1: Die Grundlagen des Schreibens

In diesem Kurs werden die Grundlagen des Schreibens wie

Grammatik, Zeichensetzung und Stil behandelt. Die Schüler lernen, klare, prägnante und ansprechende Sätze und Absätze zu schreiben. Sie lernen auch, ihre Texte logisch zu strukturieren.

Kurs 2: Charakterentwickl ung

Der Schwerpunkt dieses Kurses liegt auf der Schaffung glaubwürdiger und einprägsamer Charaktere. Die Schüler lernen, wie sie die Hintergrundgeschich ten, Motivationen

und Persönlichkeiten
ihrer Charaktere
entwickeln können.
Sie lernen auch, wie
man Dialoge schreibt,
die natürlich und
glaubwürdig sind.

Kurs 3: Handlung und Struktur

In diesem Kurs
lernen die Schüler,
wie sie eine fesselnde

Handlung erstellen
und ihre Geschichte
so strukturieren, dass
sie die Leser fesselt.
Die Schüler lernen,
Konflikte, Spannung
und Lösungen zu
schaffen. Sie lernen
auch, wie man
Vorahnungen und
andere literarische
Mittel einsetzt, um
ein Gefühl von

Geheimnis und Intrige zu erzeugen.

Kurs 4: Weltaufbau

In diesem Kurs lernen die Schüler, wie sie eine glaubwürdige und eindringliche Welt für ihre Geschichten schaffen. Die Schüler lernen, wie sie

Karten, Kulturen und Religionen für ihre Welten erstellen. Sie lernen auch, wie man Sprache nutzt, um ein Gefühl für Ort und Atmosphäre zu schaffen.

Kurs 5: Selbstbearbeitung

In diesem Kurs lernen die

Teilnehmer, ihre eigenen Texte auf Klarheit, Grammatik und Stil zu bearbeiten. Die Studierenden lernen, Fehler beim Schreiben zu erkennen und zu korrigieren. Sie lernen außerdem, wie sie ihr Schreiben verbessern können, indem sie stärkere

Verben, lebendigere Bilder und eine prägnantere Sprache verwenden.

Kurs 6: Marketing und Werbung

In diesem Kurs lernen die Studierenden, wie sie ihre Bücher vermarkten und bewerben. Die

Schüler lernen, wie sie eine Website erstellen, ein Publikum aufbauen und ihre Bücher verkaufen. Sie lernen auch, wie sie soziale Medien nutzen können, um für ihre Bücher zu werben.

Dies sind nur einige Beispiele für Kursskizzen für

angehende Autoren. Die konkreten Kurse, die Sie anbieten, hängen von Ihren eigenen Interessen und Fachkenntnissen ab. Diese Kurse vermitteln Ihnen jedoch eine gute Grundlage in den Grundlagen des Schreibens und Marketings.

Zusätzlich zu diesen Kursen wird von den Studierenden die Teilnahme an einer Reihe von Workshops oder Mentoringprogramm en für Bestsellerautoren erwartet. Dies ist eine großartige Möglichkeit , angehenden Autoren persönliche Beratung

und Unterstützung zu
bieten .

Ich hoffe das hilft!

KURS 1

DIE GRUNDLAGEN

1.1. WAS IST EIN BUCH?

1.2. Arten von Büchern

1.2.1. SACHBÜCHER

LEHRBÜCHER

BIOGRAPHIEN

ANTHOLOGIEN USW.
BÜCHER MIT GERINGEM INHALT
- ARBEITSBÜCHER

- ANLEITUNGEN
- ZEITSCHRIFTEN
- TAGEBÜCHER UND LOGBÜCHER.
- ANPASSUNGEN
- GEKÜRZTE SERIE USW

BIOGRAPHIE S

Die Veröffentlichung von Biografien bietet viele Vorteile . Hier sind einige davon:

Geschichte dokumentieren: Biografien können das Leben

wichtiger Menschen und Ereignisse dokumentieren und ihre Geschichten für zukünftige Generationen bewahren. Dies kann besonders wertvoll für Menschen sein, die bedeutende Beiträge zur Gesellschaft geleistet oder wichtige historische Ereignisse miterlebt haben. Andere inspirieren: Biografien können andere inspirieren, indem sie ihnen zeigen, wie gewöhnliche Menschen Außergewöhnliches erreichen können. Sie können auch Einblicke in die Herausforderungen und Erfolge des Lebens geben, was für Menschen hilfreich sein kann, die mit ihren eigenen Herausforderunge n konfrontiert sind.

Leser aufklären: Biografien können Leser über verschiedene Kulturen,

Zeiträume und Lebensweisen informieren. Sie können auch Einblicke in die menschliche Verfassung geben, die den Lesern helfen können, sich selbst und andere besser zu verstehen.

Unterhaltsame Leser: Biografien können sowohl unterhaltsam als auch lehrreich sein. Sie können Geschichten erzählen, die sowohl faszinierend als auch informativ sind. Dies macht sie zu einer großartigen Möglichkeit, etwas über die Welt zu lernen und gleichzeitig eine gute Lektüre zu genießen. Förderung des sozialen Wandels: Biografien können den sozialen

Wandel fördern,
indem sie die
Geschichten von
Menschen
hervorheben, die
für Gerechtigkeit
und Gleichheit
gekämpft haben.
Sie können auch
das Bewusstsein
für wichtige
Themen schärfen

und andere zum
Handeln
inspirieren.

Insgesamt bieten
Biografien eine
Reihe von
Vorteilen. Sie
können
Geschichte
dokumentieren,
andere

inspirieren, Leser aufklären, unterhalten und gesellschaftlichen Wandel fördern. Wenn Sie daran interessiert sind, eine Biografie zu schreiben, empfehle ich Ihnen, dies zu tun. Es kann eine

lohnende
Erfahrung sein,
von der sowohl Sie
als auch Ihre
Leser profitieren.

1.2. WAS IST BUCHSCHREIBEN?

1.3. WAS SIND DIE WICHTIGSTEN TEILE EINES BUCHES?

Die wichtigsten Teile eines Buches sind diejenigen, die den Leser fesseln und interessieren. Dies kann je nach Genre des Buches variieren, aber einige gemeinsame Elemente, die in

den meisten
Büchern wichtig
sind, umfassen:

Die Handlung: Die
Handlung ist das
Rückgrat eines
jeden Buches. Es
ist die Geschichte,
die das Buch
erzählt, und sie ist
es, die den Leser

dazu bringt, weiterzublättern. Die Handlung sollte temporeich sein und genügend Wendungen enthalten, um den Leser im Ungewissen zu halten.

Die Charaktere:
Die Charaktere
sind die
Menschen, die die
Welt des Buches
bewohnen. Sie
sind diejenigen,
mit denen der
Leser eine
Verbindung
aufbauen wird,
daher ist es

wichtig, dass sie gut entwickelt und nachvollziehbar sind. Die Charaktere sollten klare Ziele und Motivationen haben und sich Herausforderunge n stellen, die der Leser für ihre

Bewältigung anspornen kann. Der Schauplatz: Der Schauplatz ist die Welt, in der das Buch spielt. Es kann sich um einen realen oder einen fiktiven Ort handeln, er sollte jedoch gut beschrieben sein, damit sich der Leser ein Bild davon machen kann. Das Setting sollte auch für die Handlung und die Charaktere relevant sein und dabei helfen, eine Atmosphäre zu schaffen.

Der Schreibstil:
Der Schreibstil ist die Art und Weise, wie das Buch geschrieben wird. Es ist die Stimme des Autors, die das Buch einzigartig macht. Der Schreibstil sollte klar, prägnant und

ansprechend sein. Es sollte auch zum Genre des Buches passen.
Die Themen: Die Themen sind die zugrunde liegenden Botschaften des Buches. Das ist es , was das Buch über die Welt zu

sagen versucht. Die Themen sollten klar und gut ausgearbeitet sein und für die Handlung und die Charaktere relevant sein.

Dies sind nur einige der wichtigsten Teile

eines Buches. Die spezifischen Elemente, die am wichtigsten sind, variieren je nach Genre des Buches, aber dies sind einige der Elemente, die für jedes gute Buch unerlässlich sind.

1.4. Was zeichnet eine gute Kommunikation aus?

Lebensbereichen unerlässlich . Es ermöglicht uns, mit anderen in Kontakt zu treten, unsere Ideen zu teilen und Beziehungen aufzubauen. Es gibt viele Merkmale guter Kommunikation, aber einige der wichtigsten sind:

Klarheit: Gute Kommunikation ist klar und leicht verständlich. Der Absender sollte in

der Lage sein,
seine Ideen so
auszudrücken,
dass der
Empfänger sie
leicht verstehen
kann.

Kohärenz: Gute
Kommunikation
ist kohärent und
logisch. Die Ideen
des Absenders

sollten
reibungslos
fließen und Sinn
ergeben.

Prägnanz: Gute
Kommunikation
ist prägnant und
auf den Punkt
gebracht. Der
Absender sollte
unnötige Worte

oder Details vermeiden.

Relevanz: Gute Kommunikation ist für das jeweilige Thema relevant. Der Absender sollte es vermeiden, ins Hintertreffen zu geraten oder irrelevante

Informationen einzubringen.

Genauigkeit: Gute Kommunikation ist präzise und wahrheitsgetreu. Der Absender sollte es vermeiden, falsche oder irreführende Angaben zu machen.

Empathie: Gute
Kommunikation
ist einfühlsam und
berücksichtigt die
Gefühle des
Empfängers. Der
Absender sollte
sich darüber im
Klaren sein, wie
seine Worte vom
Empfänger
wahrgenommen

werden könnten, und seine Kommunikation entsprechend anpassen.

Respekt: Gute Kommunikation ist respektvoll und berücksichtigt die Perspektive des Empfängers. Der Absender sollte es vermeiden, herablassend oder herablassend zu wirken.

Offenheit: Gute Kommunikation ist offen und ehrlich. Der Absender sollte bereit sein, dem Empfänger seine Gedanken und

Gefühle mitzuteilen, auch wenn es schwierig ist, darüber zu sprechen.

Neben diesen Eigenschaften zeichnet sich eine gute Kommunikation auch durch aktives Zuhören, Achtsamkeit gegenüber der Körpersprache und das Bewusstsein für den Kontext der Kommunikation aus. Indem Sie diese Prinzipien befolgen, können Sie Ihre Kommunikationsfähi gkeiten verbessern und stärkere

Beziehungen zu anderen aufbauen.

1.5. Wie schützt man das Urheberrecht eines Autors?

Das Urheberrecht ist
ein gesetzliches
Recht, das
Originalwerke der
Urheberschaft
schützt,
einschließlich
literarischer,
dramatischer,
musikalischer und
künstlerischer Werke
wie Gedichte,
Romane, Filme,
Lieder,

Computersoftware und Architektur. Das Urheberrecht schützt den Ausdruck einer Idee, nicht die Idee selbst.

In den Vereinigten Staaten erfolgt der Urheberrechtsschutz automatisch. Sobald Sie ein urheberrechtlich geschütztes Werk erstellen, besitzen Sie das Urheberrecht daran. Es ist nicht erforderlich, Ihr Urheberrecht beim US Copyright Office zu registrieren, dies kann jedoch einige zusätzliche Vorteile mit sich bringen.

Hier sind einige Möglichkeiten, wie ein Autor sein Urheberrecht schützen kann:

Markieren Sie Ihr Werk mit dem Copyright-Symbol (©). Dies ist nicht erforderlich, aber es ist eine gute Möglichkeit, andere darüber zu informieren, dass Ihr Werk urheberrechtlich geschützt ist.

Fügen Sie einen Urheberrechtshinwei s hinzu. Dazu sollten das Copyright-Symbol, das Jahr der Erstveröffentlichung und Ihr Name gehören.

Behalten Sie eine Kopie Ihrer Arbeit. Damit können Sie nachweisen, dass Sie der ursprüngliche Autor des Werkes sind.

Registrieren Sie Ihr Urheberrecht beim US Copyright Office. Dies ist nicht erforderlich, kann jedoch einige zusätzliche Vorteile bieten, beispielsweise die Möglichkeit, Urheberrechtsverletz ungen einzuklagen.

Wenn Sie glauben, dass Ihr Urheberrecht verletzt wurde, können Sie eine Urheberrechtsverletzungsklage einreichen. Sie können dem Rechtsverletzer auch eine Unterlassungserklärung zukommen lassen und ihn auffordern, die Nutzung Ihres Werks einzustellen .

Hier sind einige zusätzliche Tipps zum Schutz Ihres Urheberrechts:

Schützen Sie Ihre Arbeit. Bewahren Sie Ihre Arbeit an einem sicheren Ort auf und stellen Sie sicher, dass nur autorisierte Personen Zugriff darauf haben.

Seien Sie vorsichtig,
wenn Sie Ihre Arbeit
teilen. Bevor Sie Ihre
Arbeit mit anderen
teilen, stellen Sie
sicher, dass Sie die
Bedingungen der
Freigabevereinbarun
g verstanden haben.

Verwenden Sie Wasserzeichen und andere Techniken, um Ihre Arbeit online zu schützen. Dies kann es für andere schwieriger machen, Ihre Arbeit ohne Ihre Erlaubnis zu kopieren.

Indem Sie diese Tipps befolgen, können Sie dazu beitragen, Ihr Urheberrecht zu schützen und sicherzustellen, dass Ihr Werk geschützt ist.

1.6. Was sind die Merkmale von Plagiaten?

Unter Plagiat versteht man die Verwendung der Arbeit oder Ideen einer anderen Person, ohne diese zu würdigen. Es handelt sich um ein schweres akademisches

Vergehen, das schwerwiegende Folgen haben kann.

Die Folgen eines Plagiats können je nach Schwere des Vergehens und der Institution, in der es begangen wird, unterschiedlich sein. Zu den häufigen

Folgen gehören
jedoch:

Die Aufgabe oder
den Kurs nicht
bestehen.

Eine nicht
bestandene Note für
die Aufgabe oder den
Kurs erhalten.

Wird auf akademische Bewährung gesetzt.

Von der Schule verwiesen werden.

Verlust eines Arbeitsplatzes oder eines Stipendiums.

Wird wegen Urheberrechtsverletzung verklagt.

Neben den akademischen Konsequenzen kann ein Plagiat auch berufliche und persönliche Konsequenzen haben. Beispielsweise kann ein Plagiator von Verlagen oder Arbeitgebern auf die

schwarze Liste
gesetzt werden. Sie
könnten auch das
Vertrauen ihrer
Kollegen und
Freunde verlieren.

Es gibt eine Reihe
von Maßnahmen, die
Autoren ergreifen
können, um Plagiate

zu vermeiden. Diese beinhalten:

Ihre Quellen richtig zitieren.

Verwenden Sie Anführungszeichen, wenn Sie die Worte einer anderen Person zitieren.

Die Ideen anderer mit eigenen Worten paraphrasieren.

Vermeiden Sie es, die Arbeit anderer zu verwenden, ohne sie zu würdigen.

Wenn Sie sich nicht sicher sind, ob es sich bei etwas um ein Plagiat handelt, ist es immer am besten, auf

Nummer sicher zu gehen und Ihre Quellen anzugeben. Wenn Sie diese Tipps befolgen, können Sie dazu beitragen, Plagiate zu vermeiden und Ihren akademischen und beruflichen Ruf zu schützen.

Hier sind einige zusätzliche Tipps zur Vermeidung von Plagiaten:

Seien Sie vorsichtig bei der Nutzung von Online-Quellen. Nicht alle Online-Quellen sind zuverlässig und einige können plagiierte Inhalte enthalten.

Nutzen Sie einen Plagiatsprüfer. Im Internet stehen zahlreiche Plagiatsprüfer zur Verfügung, die Ihnen dabei helfen können, Plagiate in Ihrer Arbeit zu erkennen.

Holen Sie sich Hilfe von einem Bibliothekar oder einem Schreiblehrer. Bibliothekare und Schreiblehrer können Ihnen helfen, Plagiate zu verstehen und sie in Ihrer Arbeit zu vermeiden.

Wenn Sie diese Tipps befolgen, können Sie dazu beitragen, dass Ihre Arbeit originell ist und Plagiate vermieden werden.

KURS 2

BUCHENTWICKLUNG

VORTEILE DES SELBSTSCHREIBENS

VORTEILE DES EINSATZES VON FREIBERUFERN

VORTEILE DES EINSATZES KÜNSTLICHER INTELLIGENZ

Geschwindigkeit: KI kann ein Buch viel schneller schreiben als ein menschlicher Autor. Dies kann ein großer Vorteil sein, wenn Sie unter Zeitdruck stehen oder eine große Menge an Inhalten produzieren müssen .

Genauigkeit: KI kann beim Schreiben sehr genau sein. Dies liegt daran, dass es auf großen Text- und Codedatensätzen trainiert wird, wodurch es die Muster der

menschlichen
Sprache lernen kann.

Originalität: KI kann
Originalinhalte
generieren, die nicht
plagiiert sind. Dies
liegt daran, dass es
nicht denselben
Einschränkungen
unterliegt wie
menschliche
Schriftsteller.

Kreativität: KI kann beim Schreiben kreativ sein. Dies liegt daran, dass dadurch neue Ideen und Konzepte entstehen können, die menschliche Autoren möglicherweise nicht berücksichtigt haben.

Nachteile:

Fehlende menschliche Note: KI-generierten Texten fehlt manchmal die menschliche Note , die das Schreiben ansprechend und interessant macht. Dies liegt daran, dass

KI nicht in der Lage ist, die Nuancen der menschlichen Sprache und Kultur auf die gleiche Weise zu verstehen wie ein menschlicher Schriftsteller.

Voreingenommenheit : KI kann beim Schreiben voreingenommen

sein. Dies liegt daran, dass es auf Datensätzen trainiert wird, die möglicherweise Verzerrungen enthalten. Wenn eine KI beispielsweise auf einen Textdatensatz trainiert wird, der hauptsächlich von Männern geschrieben wird, ist es möglicherweise wahrscheinlicher, dass sie Texte generiert, die voreingenommen auf Männer ausgerichtet sind.

Die Produktion von KI-generiertem Text kann teuer sein . Dies liegt daran, dass

hierfür
leistungsstarke
Computer und
spezielle Software
erforderlich sind .

Letztendlich ist die
Entscheidung, ob Sie
eine KI bitten, ein
Buch für Sie zu
schreiben, eine
persönliche
Entscheidung. Es

sind sowohl Vor- als auch Nachteile zu berücksichtigen, und die beste Option für Sie hängt von Ihren spezifischen Bedürfnissen und Zielen ab.

Hier sind einige zusätzliche Dinge, die Sie berücksichtigen sollten, wenn Sie entscheiden, ob Sie eine KI bitten möchten, ein Buch für Sie zu schreiben:

Die Art des Buches, das Sie schreiben möchten: Einige Buchtypen eignen sich besser für KI-generierten Text als andere. Beispielsweise eignen sich KI-generierte Texte möglicherweise gut für Sachbücher oder für Bücher, die viel Recherche erfordern. Allerdings eignet sich KI-generierter Text möglicherweise nicht für Belletristikbücher oder für Bücher, die viel Kreativität erfordern.

Ihr Budget: Die Produktion von KI-generiertem Text kann teuer sein. Wenn Ihr Budget knapp ist, sollten Sie andere Optionen in Betracht ziehen, z. B. die Beauftragung eines menschlichen

Autors oder die Selbstveröffentlichung Ihres Buches.

Ihre persönlichen Vorlieben: Manche Menschen bevorzugen die menschliche Note eines menschlichen Autors, während andere sich mit KI-generiertem Text wohler fühlen. Letztendlich ist die Entscheidung, ob Sie eine KI bitten, ein Buch für Sie zu schreiben, eine persönliche Entscheidung.

Geschwindigkeit: KI kann ein Buch viel schneller schreiben als ein menschlicher

Autor. Dies kann ein großer Vorteil sein, wenn Sie unter Zeitdruck stehen oder eine große Menge an Inhalten produzieren müssen .

Genauigkeit: KI kann beim Schreiben sehr genau sein. Dies liegt daran, dass es auf großen Text- und

Codedatensätzen trainiert wird, wodurch es die Muster der menschlichen Sprache lernen kann.

Originalität: KI kann Originalinhalte generieren, die nicht plagiiert sind. Dies liegt daran, dass es nicht denselben

Einschränkungen unterliegt wie menschliche Schriftsteller.

Kreativität: KI kann beim Schreiben kreativ sein. Dies liegt daran, dass dadurch neue Ideen und Konzepte entstehen können, die menschliche

Autoren
möglicherweise nicht
berücksichtigt haben.

Nachteile:

Fehlende
menschliche Note:
KI-generierten
Texten fehlt
manchmal die

menschliche Note , die das Schreiben ansprechend und interessant macht. Dies liegt daran, dass KI nicht in der Lage ist, die Nuancen der menschlichen Sprache und Kultur auf die gleiche Weise zu verstehen wie ein menschlicher Schriftsteller.

Voreingenommenheit: KI kann beim Schreiben voreingenommen sein. Dies liegt daran, dass es auf Datensätzen trainiert wird, die möglicherweise Verzerrungen enthalten. Wenn eine KI beispielsweise auf einen Textdatensatz trainiert wird, der hauptsächlich von Männern geschrieben wird, ist es möglicherweise wahrscheinlicher, dass sie Texte generiert, die voreingenommen auf

Männer ausgerichtet sind.

Die Produktion von KI-generiertem Text kann teuer sein . Dies liegt daran, dass hierfür leistungsstarke Computer und spezielle Software erforderlich sind.

Letztendlich ist die Entscheidung, ob Sie eine KI bitten, ein Buch für Sie zu schreiben, eine persönliche Entscheidung. Es sind sowohl Vor- als auch Nachteile zu berücksichtigen, und die beste Option für Sie hängt von Ihren spezifischen Bedürfnissen und Zielen ab.

Hier sind einige zusätzliche Dinge, die Sie berücksichtigen sollten, wenn Sie entscheiden, ob Sie eine KI bitten möchten, ein Buch für Sie zu schreiben:

Die Art des Buches, das Sie schreiben möchten: Einige Buchtypen eignen sich besser für KI-generierten Text als andere. KI-generierter Text eignet sich beispielsweise möglicherweise gut für Sachbücher oder für Bücher, die viel Recherche erfordern. Allerdings eignet sich KI-generierter Text möglicherweise nicht für Belletristikbücher oder für Bücher, die viel Kreativität erfordern.

Ihr Budget: Die Produktion von KI-generiertem Text kann teuer sein. Wenn Ihr Budget knapp ist, sollten Sie andere Optionen in Betracht ziehen, z. B. die Beauftragung eines menschlichen Autors oder die Selbstveröffentlichung Ihres Buches.

Ihre persönlichen Vorlieben: Manche Menschen bevorzugen die menschliche Note eines menschlichen Autors, während andere sich mit KI-generiertem Text wohler fühlen. Letztendlich ist die Entscheidung, ob Sie eine KI bitten, ein Buch für Sie zu schreiben, eine persönliche Entscheidung.

Was ist nach dem
Einsatz künstlicher
Intelligenz zu tun?

Es gibt viele
Eingaben, die ein
Autor aus
menschlicher Sicht
vornehmen kann,
nachdem künstliche
Intelligenz ein Buch
für ihn geschrieben
hat.

Hier sind einige der Eingaben, die ein Autor machen kann:

Geben Sie Feedback zum Inhalt: Der Autor kann Feedback zum Inhalt des Buchs geben, einschließlich der Handlung, der Charaktere und der Dialoge.

Fügen Sie eigene Erkenntnisse hinzu: Der Autor kann dem Buch seine eigenen Erkenntnisse und Erfahrungen hinzufügen, was dazu beitragen kann, es für die Leser ansprechender und nachvollziehbarer zu machen.

Personalisieren Sie das Buch: Der Autor kann das Buch personalisieren, indem er seine eigene Stimme und Perspektive hinzufügt. Dies kann durch das Hinzufügen persönlicher Anekdoten, Hinweise auf das eigene Leben oder durch das

Schreiben in einem Stil geschehen, der mit dem eigenen Schreibstil übereinstimmt.

Bearbeiten und
überarbeiten Sie das
Buch: Der Autor
kann das Buch
bearbeiten und
überarbeiten, um
sicherzustellen, dass
es gut geschrieben
und fehlerfrei ist.

Das Buch vermarkten und bewerben: Der Autor kann das Buch vermarkten und bewerben, um es einem breiteren Publikum zugänglich zu machen.

Insgesamt gibt es viele Möglichkeiten, wie ein Autor einem Buch, das mit künstlicher Intelligenz geschrieben wurde, seine eigene menschliche Note verleihen kann. Indem der Autor Feedback gibt, seine eigenen Erkenntnisse hinzufügt, das Buch personalisiert, bearbeitet und überarbeitet sowie das Buch vermarktet und bewirbt, kann er dazu beitragen, ein Buch zu erstellen, das sowohl ansprechend als auch informativ ist.

Hier sind einige zusätzliche Tipps für Autoren, die beim Schreiben eines Buches mit künstlicher Intelligenz arbeiten:

Machen Sie sich Ihre Ziele und Erwartungen klar: Bevor Sie beginnen, mit künstlicher Intelligenz zu arbeiten, ist es wichtig, sich über Ihre Ziele und Erwartungen an das Buch im Klaren zu sein. Was für ein Buch möchtest du schreiben? Was sind

Ihre Zielgruppe und Ziele für das Buch? Sobald Sie wissen, was Sie erreichen möchten, können Sie mit der Arbeit mit künstlicher Intelligenz beginnen, um ein Buch zu erstellen, das Ihren Anforderungen entspricht.

Seien Sie offen für Feedback: Künstliche Intelligenz kann ein großartiges Werkzeug zur Generierung von Ideen und Inhalten sein, aber es ist wichtig, offen für Feedback von menschlichen Autoren zu sein. Menschliche Autoren können dabei helfen, Bereiche zu identifizieren, in denen der KI-generierte Text verbessert werden muss, und sie können auch dazu beitragen, das Buch für die Leser ansprechender und nachvollziehbarer zu gestalten.

Seien Sie geduldig: Ein Buch zu schreiben ist ein langer und herausfordernder Prozess, selbst mit Hilfe künstlicher Intelligenz. Es ist wichtig, geduldig zu sein und sich Zeit für die Arbeit am Buch zu nehmen. Mit Zeit und Mühe können Sie ein Buch erstellen, das sowohl ansprechend als auch informativ ist.

KURS 3

Der beste Weg, ein Buch zu schreiben?

Auf diese Frage gibt es keine allgemeingültige Antwort, da die beste Art, ein Buch zu schreiben, vom individuellen Schreibprozess und den Vorlieben des Autors abhängt. Es gibt jedoch einige allgemeine Tipps, die Autoren dabei helfen

können, ein Buch
effektiv zu schreiben.

Hier sind einige der
besten
Möglichkeiten, ein
Buch zu schreiben:

Wählen Sie ein Thema, das Ihnen am Herzen liegt. Ein Buch zu schreiben ist eine Menge Arbeit, daher ist es wichtig, ein Thema zu wählen, das Ihnen am Herzen liegt. Dadurch wird der Schreibprozess angenehmer und Sie werden mit größerer Wahrscheinlichkeit bis zum Ende dabei bleiben.

Recherchieren Sie. Sobald Sie sich für ein Thema entschieden haben, ist es wichtig, Ihre Recherche durchzuführen. Dies wird Ihnen helfen, Informationen und Ideen für Ihr Buch zu sammeln. Sie können Recherchen durchführen, indem Sie Bücher, Artikel und Websites lesen oder Personen interviewen, die sich mit Ihrem Thema auskennen.

Skizzieren Sie Ihr Buch. Eine Gliederung kann Ihnen helfen, Ihre Gedanken und Ideen zu ordnen, bevor Sie mit dem Schreiben beginnen. Es kann Ihnen auch dabei helfen, beim Schreiben Ihres Buches auf dem richtigen Weg zu bleiben. Es gibt viele

verschiedene
Möglichkeiten, ein
Buch zu skizzieren.
Finden Sie also eine
Methode, die für Sie
am besten geeignet
ist.

Fangen Sie an zu schreiben! Sobald Sie Ihre Recherche durchgeführt und Ihr Buch skizziert haben, ist es Zeit, mit dem Schreiben zu beginnen. Am besten fängt man damit an, sich einfach hinzusetzen und mit dem Schreiben zu beginnen. Machen Sie sich zunächst

keine Sorgen darüber, dass es perfekt wird, sondern bringen Sie Ihre Gedanken einfach zu Papier. Sie können jederzeit zurückgehen und später Änderungen vornehmen.

Setzen Sie sich realistische Ziele. Ein Buch zu schreiben kann eine entmutigende Aufgabe sein, daher ist es wichtig, sich realistische Ziele zu setzen . Versuchen Sie nicht, Ihr gesamtes Buch in einem Zug zu schreiben. Setzen Sie sich stattdessen

kleine Ziele, z. B. das
Schreiben von 500
Wörtern pro Tag.

Pausen machen.
Schreiben kann eine
Menge Arbeit sein,
daher ist es wichtig,
Pausen einzulegen.
Stehen Sie auf und
bewegen Sie sich,
oder nehmen Sie sich
ein paar Minuten
Zeit, um sich zu
entspannen und den
Kopf frei zu
bekommen. Dies wird
Ihnen helfen,

konzentriert und
produktiv zu bleiben.

Rückmeldung bekommen. Sobald Sie einen Entwurf Ihres Buches geschrieben haben, ist es hilfreich, Feedback von anderen einzuholen. Dies kann Ihnen dabei helfen, Bereiche zu identifizieren, die einer Verbesserung bedürfen. Sie können

Feedback von Freunden, Familie oder Beta-Lesern erhalten.

Bearbeiten und überarbeiten. Sobald Sie Feedback zu Ihrem Buch erhalten haben, ist es an der Zeit, es zu bearbeiten und zu überarbeiten. Hier feilen Sie an Ihrem Schreiben und stellen sicher, dass Ihr Buch das Beste ist, was es sein kann.

Veröffentlichen Sie Ihr Buch. Sobald Sie mit Ihrem Buch zufrieden sind, ist es Zeit, es zu veröffentlichen. Es gibt viele verschiedene Möglichkeiten, ein Buch zu veröffentlichen. Finden Sie also eine Methode, die für Sie

am besten geeignet
ist.

Wenn Sie diese Tipps
befolgen, können Sie
ein Buch schreiben,
das sowohl
informativ als auch
unterhaltsam ist.

Hier sind einige
zusätzliche Tipps, die
für Sie hilfreich sein
könnten:

Finden Sie eine Schreibgemeinschaft. Es gibt viele Online- und Offline-Schreibgemeinschaften, die Unterstützung und Ermutigung bieten können. Der Beitritt zu einer Schreibgemeinschaft kann Ihnen helfen, motiviert zu bleiben und von anderen Autoren zu lernen.

Gib nicht auf. Ein Buch zu schreiben ist eine Menge Arbeit, aber es ist auch sehr lohnend. Geben Sie Ihren Traum, ein Buch zu schreiben, nicht auf. Schreiben Sie einfach weiter und irgendwann werden Sie Ihr Ziel erreichen.

Wie gehe ich mit einer einer Schreibblockade um?

Eine Schreibblockade ist ein häufiges Problem, das jeden treffen kann, der schreibt. Es kann frustrierend und entmutigend sein, aber es gibt Möglichkeiten, es zu vermeiden und damit umzugehen.

Hier sind einige Tipps, wie Sie

Schreibblockaden
vermeiden können:

Nehmen Sie sich Zeit,
regelmäßig zu
schreiben. Auch
wenn Sie keine Lust
zum Schreiben
haben, versuchen Sie,
sich jeden Tag etwas
Zeit zum Schreiben
zu nehmen. Dies wird
Ihnen helfen, Ihre
Schreibgewohnheit

beizubehalten und die Wahrscheinlichkeit einer Blockierung zu verringern. Kostenloses Schreiben. Freies Schreiben ist eine großartige Möglichkeit, Ihren Gedanken freien Lauf zu lassen und zu vermeiden, dass Sie bei einer bestimmten

Idee hängen bleiben. Schreiben Sie einfach alles auf, was Ihnen in den Sinn kommt, ohne sich Gedanken über Grammatik oder Rechtschreibung machen zu müssen. Brainstorming. Brainstorming ist eine weitere großartige Möglichkeit, Ihrer Kreativität freien

Lauf zu lassen. Schreiben Sie alle Ideen auf, die Ihnen in den Sinn kommen, egal wie verrückt sie erscheinen. Sie können jederzeit zurückkommen und sie später bearbeiten. Lesen. Lesen kann Ihnen helfen, sich inspirieren zu lassen und neue Schreibtechniken zu

erlernen. Lesen Sie
Bücher, Artikel und
Blogbeiträge, die sich
auf Ihr Schreibthema
beziehen.
Pausen machen.
Wenn Sie nicht
weiterkommen,
machen Sie eine
Pause vom Schreiben.
Gehen Sie spazieren,
hören Sie Musik oder
tun Sie etwas
anderes, das Ihnen

Spaß macht.
Manchmal ist der beste Weg, die Blockade aufzuheben, einfach einen Schritt zurückzutreten.

Hier sind einige Tipps, wie Sie mit Schreibblockaden umgehen können:

Keine Panik. Eine Schreibblockade ist

ein häufiges Problem und bedeutet nicht, dass Sie ein schlechter Schriftsteller sind. Entspannen Sie sich einfach und atmen Sie tief durch. Verändere deine Umgebung. Wenn Sie das Gefühl haben, festzustecken, versuchen Sie, Ihre Umgebung zu

ändern. Gehen Sie
zum Schreiben an
einen anderen Ort
oder versuchen Sie,
zu einer anderen
Tageszeit zu
schreiben.
Schreiben Sie über
etwas anderes. Wenn
Sie bei einer
bestimmten Idee
wirklich nicht
weiterkommen,
versuchen Sie, über

etwas anderes zu schreiben. Manchmal kann es Ihnen helfen, Ihrer Kreativität wieder freien Lauf zu lassen, wenn Sie über etwas anderes schreiben.
Rede mit jemandem. Wenn Sie wirklich Probleme haben, sprechen Sie mit jemandem darüber. Ein Freund, ein

Familienmitglied
oder ein
Schreibcoach kann
Ihnen Unterstützung
und Rat geben.

Denken Sie daran,
dass eine
Schreibblockade nur
vorübergehend ist.
Schreiben Sie einfach
weiter und
irgendwann werden

Ihre Blockaden aufgehoben.

Wie schreibt man ein Filmskript?

Das Schreiben eines Drehbuchs umfasst viele Schritte, aber hier sind einige grundlegende Tipps:

Beginnen Sie mit einem starken

Konzept. Was ist die Grundidee Ihres Films? Welche Geschichte möchten Sie erzählen? Sobald Sie ein starkes Konzept haben, können Sie mit der Entwicklung der Charaktere, der Handlung und des Setting beginnen. Erstellen Sie gut entwickelte

Charaktere. Ihre Charaktere sind das Herzstück Ihres Films, daher ist es wichtig, Charaktere zu schaffen, die glaubwürdig und nachvollziehbar sind. Geben Sie ihnen Hintergrundgeschichten, Motivationen und Persönlichkeiten, die sie auf der Seite lebendig machen.

Erstellen Sie eine fesselnde Handlung. Die Handlung ist das Rückgrat Ihres Films, daher ist es wichtig, eine spannende und fesselnde Handlung zu schaffen. Die Handlung sollte einen klaren Anfang, eine klare Mitte und ein klares Ende haben und Konflikte, Spannung und

Auflösung beinhalten. Schreiben Sie glaubwürdige Dialoge. Der Dialog ist einer der wichtigsten Aspekte eines jeden Drehbuchs, daher ist es wichtig, einen Dialog zu schreiben, der natürlich und glaubwürdig ist. Der Dialog soll dazu beitragen, die Handlung voranzutreiben und die Beweggründe der Charaktere offenzulegen. Formatieren Sie Ihr Skript richtig. Beim Schreiben eines Drehbuchs müssen Sie bestimmte Formatierungsrichtli nien befolgen . Diese Richtlinien variieren

je nach dem von
Ihnen verwendeten
Format. Es ist jedoch
wichtig, sie sorgfältig
zu befolgen, damit
Ihr Skript leicht
lesbar und
verständlich ist.
Holen Sie sich
Feedback von
anderen. Sobald Sie
einen Entwurf Ihres
Skripts haben, ist es
wichtig, Feedback

von anderen einzuholen . Dies wird Ihnen helfen, alle Bereiche zu identifizieren, die einer Verbesserung bedürfen. Überarbeiten und bearbeiten Sie Ihr Skript. Sobald Sie Feedback erhalten haben, müssen Sie Ihr Skript überarbeiten und bearbeiten. Dies ist ein wichtiger Schritt, da er Ihnen dabei hilft, die Gesamtqualität Ihres Skripts zu verbessern.

Hier sind einige zusätzliche Tipps zum Schreiben eines Filmskripts:

Lesen Sie andere
Drehbücher. Eine der
besten
Möglichkeiten, das
Schreiben eines
Drehbuchs zu lernen,
besteht darin, andere
Drehbücher zu lesen.
Dadurch erhalten Sie
ein gutes Verständnis
für das Format und
die Struktur eines
Filmskripts.

Filme schauen. Eine weitere tolle Möglichkeit zu lernen, wie man ein Drehbuch schreibt, ist das Ansehen von Filmen. Achten Sie darauf, wie die Geschichte erzählt, die Charaktere entwickelt und die Dialoge geschrieben werden.

Nehmen Sie an einem Drehbuchkurs teil. Wenn Sie es ernst meinen mit dem Schreiben eines Drehbuchs, möchten Sie vielleicht einen Drehbuchkurs belegen. Dadurch haben Sie die Möglichkeit, von erfahrenen Drehbuchautoren zu lernen und Feedback zu Ihrer Arbeit zu erhalten.

Ein Drehbuch zu schreiben kann eine Menge Arbeit sein, aber es kann auch viel Spaß machen. Wenn Sie bereit sind, sich die Mühe zu machen, können Sie ein Drehbuch erstellen, das ein Erfolg wird.

Kurs 3:

KURS 4

WELTAUFBAU

ACHTEN SIE AUF FOLGENDES:

1. ZIELGRUPPE
2. NISCHE
3. GENRE
4. SCHLÜSSELWÖRTER
5. KATEGORIEN

14.   USW.

KURS 5

SELBSTBEARBEI TUNG

5.1. APPS BEARBEITEN

Es gibt viele Bearbeitungs-Apps, aber hier sind einige der beliebtesten und angesehensten:

Adobe Premiere Pro:
Dies ist eine
professionelle
Videobearbeitungs-
App, die von vielen
Hollywood-Studios
verwendet wird. Es
handelt sich um eine
leistungsstarke App
mit zahlreichen
Funktionen, deren

Erlernung jedoch recht komplex sein kann.

Final Cut Pro X: Dies ist eine beliebte Videobearbeitungs-App für Mac-Benutzer. Es ist bekannt für seine intuitive Benutzeroberfläche und leistungsstarke Funktionen.

DaVinci Resolve: Dies ist eine kostenlose Open-Source-Videobearbeitungs-App, die immer beliebter wird. Es bietet eine große Auswahl an Funktionen und wird ständig mit neuen Funktionen aktualisiert.

Lightworks : Dies ist eine professionelle Videobearbeitungs-App, die für ihre Stabilität und Benutzerfreundlichke it bekannt ist . Es ist eine gute Option für Benutzer, die eine leistungsstarke App suchen, die leicht zu erlernen ist.

HitFilm Express: Dies ist eine kostenlose Videobearbeitungs-App, die eine Vielzahl von Funktionen bietet. Es ist eine gute Option für Benutzer, die eine leistungsstarke App ohne den hohen Preis suchen .

Dies sind nur einige der vielen verfügbaren Bearbeitungs-Apps. Welche App für Sie am besten geeignet ist, hängt von Ihren spezifischen

Bedürfnissen und Vorlieben ab.

Wenn Sie ein Anfänger sind, empfehle ich, mit einer einfacheren App wie Lightworks oder HitFilm Express zu beginnen. Sobald Sie die Grundlagen erlernt haben, können Sie zu einer komplexeren App wie Adobe Premiere Pro oder Final Cut Pro X übergehen.

Hier sind einige zusätzliche Faktoren, die Sie bei der Auswahl einer Bearbeitungs-App berücksichtigen sollten:

Ihr Budget: Einige
Bearbeitungs-Apps
sind kostenlos,
während andere recht
teuer sein können.

Ihr Betriebssystem:
Einige Bearbeitungs-
Apps sind nur für
Windows verfügbar,
andere nur für Mac.

Ihr Erfahrungsstand:
Wenn Sie Anfänger

sind, benötigen Sie eine App, die leicht zu erlernen ist. Wenn Sie mehr Erfahrung haben, möchten Sie vielleicht eine App mit mehr Funktionen.

Die Art der Projekte, an denen Sie arbeiten möchten: Einige Bearbeitungs-Apps eignen sich für bestimmte Projekttypen besser als andere. Wenn Sie beispielsweise Videos bearbeiten möchten, benötigen Sie eine App , die für die Videobearbeitung ausgelegt ist.

KURS 6

VERÖFFENTLICHUNG TRADITIONELLES VERLAGEN INDIE-VERLAG WEIT VERÖFFENTLICHEN

DRUCKEN AUF ANFRAGE

SCHLÜSSELWÖRTER UND KATEGORIEN IM PUBLIKUM

Schlüsselwörter und Kategorien sind beim Veröffentlichen wichtig, da sie den Lesern helfen, Ihr Werk zu finden.

Wenn jemand nach einem Schlüsselwort oder einer Kategorie sucht, wird Ihr Werk in den Suchergebnissen angezeigt, wenn es diese Schlüsselwörter oder Kategorien enthält. Das bedeutet, dass Sie von potenziellen Lesern eher gefunden werden.

Hier sind einige der Bedeutung von Schlüsselwörtern und Kategorien beim Veröffentlichen:

Helfen Sie den Lesern, Ihre Arbeit zu finden: Wenn jemand nach einem Schlüsselwort oder einer Kategorie sucht, wird Ihre Arbeit in den Suchergebnissen angezeigt, wenn sie diese Schlüsselwörter oder Kategorien enthält. Das bedeutet, dass Sie von potenziellen Lesern eher gefunden werden.

Verbessern Sie Ihre Auffindbarkeit: Schlüsselwörter und Kategorien können dazu beitragen, Ihre

Auffindbarkeit in Suchmaschinen und anderen Plattformen zu verbessern. Dies bedeutet, dass Ihre Arbeit eher von Menschen gesehen wird, die sich für die Themen interessieren, über die Sie schreiben. Steigern Sie Ihre Leserschaft: Durch die Verwendung der

richtigen Schlüsselwörter und Kategorien können Sie Ihre Leserschaft steigern und ein breiteres Publikum erreichen. Dies kann zu mehr Verkäufen, Downloads und anderen Vorteilen führen.
Helfen Sie dabei, Ihre Zielgruppe anzusprechen:

Schlüsselwörter und Kategorien können Ihnen dabei helfen, Ihre Zielgruppe anzusprechen. Dies bedeutet, dass Sie Ihre Marketingbemühungen auf die Personen konzentrieren können, die am wahrscheinlichsten an Ihrer Arbeit interessiert sind.

Hier sind einige Tipps zur Auswahl der richtigen Schlüsselwörter und Kategorien für Ihre Arbeit:

Denken Sie an Ihr Publikum: Für wen schreiben Sie? Was sind ihre Interessen? Welche Schlüsselwörter werden sie wahrscheinlich bei der Suche nach Informationen verwenden ? Recherchieren Sie: Verwenden Sie ein Keyword-Recherche-Tool, um die beliebtesten Keywords für Ihr Thema zu finden. Verwenden Sie verschiedene

Schlüsselwörter: Verwenden Sie nicht nur ein oder zwei Schlüsselwörter. Nutzen Sie eine Vielzahl von Schlüsselwörtern, um Ihre Chancen zu verbessern, gefunden zu werden.

Relevante Kategorien verwenden: Wählen Sie Kategorien aus, die für Ihr Thema relevant sind. Dies wird dazu beitragen, Ihre Auffindbarkeit zu verbessern. Aktualisieren Sie Ihre Schlüsselwörter und Kategorien regelmäßig: Wenn sich Ihre Arbeit weiterentwickelt, sollten sich auch Ihre Schlüsselwörter und Kategorien weiterentwickeln.

Stellen Sie sicher, dass Sie diese regelmäßig aktualisieren, um Ihre Arbeit auf dem neuesten Stand zu halten.

Wenn Sie diese Tipps befolgen, können Sie die richtigen Schlüsselwörter und Kategorien für Ihre Arbeit auswählen und

Ihre Chancen verbessern, von potenziellen Lesern gefunden zu werden.

WIE MAN EINEN KURS ODER EIN BUCH IN EINEN FILM ANPASST

Die Anpassung eines Kurses an ein Theaterstück oder

einen Film kann eine großartige Möglichkeit sein, die Schüler zu motivieren und den Stoff unvergesslicher zu machen. Hier sind einige Tipps, wie es geht:

Beginnen Sie damit, die Schlüsselthemen und -konzepte des Kurses zu identifizieren. Was sind die wichtigsten Dinge, die die Schüler Ihrer Meinung nach lernen sollen? Sobald Sie die Schlüsselthemen identifiziert haben, können Sie darüber nachdenken, wie Sie sie dramatisieren können.

Berücksichtigen Sie das Format des

Theaterstücks oder Films. Wird es ein traditionelles Theaterstück, ein Film oder etwas anderes sein? Das Format beeinflusst, wie Sie das Material anpassen. Mit einem Film können Sie beispielsweise mehr Action und visuelle Details zeigen als mit einem herkömmlichen Theaterstück. Denken Sie an die Charaktere. Wer sind die wichtigsten Charaktere im Kurs? Wie kann man sie im Theaterstück oder Film zum Leben erwecken? Die Charaktere sollten für das Publikum nachvollziehbar und ansprechend sein.

Entwickeln Sie die Handlung. Wie werden Sie das Stück oder den Film strukturieren? Die Handlung sollte spannend und fesselnd sein, aber auch dem Stoff aus dem Kurs treu bleiben.

Schreiben Sie den Dialog. Der Dialog ist einer der wichtigsten

Aspekte eines jeden Theaterstücks oder Films. Es sollte natürlich und glaubwürdig sein und dazu beitragen, die Handlung voranzutreiben. Regie beim Theaterstück oder Film führen. Sobald Sie das Drehbuch geschrieben haben, müssen Sie das

Theaterstück oder
den Film inszenieren.
Dazu gehört das
Casting von
Schauspielern, das
Blockieren von
Szenen und das
Einstudieren des
Theaterstücks oder
Films.

Die Anpassung eines
Kurses an ein
Theaterstück oder

einen Film kann eine Menge Arbeit sein, aber auch viel Spaß machen. Wenn Sie bereit sind, sich die Mühe zu machen, können Sie ein Theaterstück oder einen Film erstellen, der die Schüler fesselt und den Stoff unvergesslicher macht.

Hier sind einige zusätzliche Tipps zur Anpassung eines Kurses an ein Theaterstück oder einen Film:

Nutzen Sie die Umgebung, um Atmosphäre und Stimmung zu schaffen. Der Schauplatz eines Theaterstücks oder

Films kann dazu beitragen, eine bestimmte Atmosphäre oder Stimmung zu erzeugen. Wenn Sie beispielsweise einen Horrorkurs adaptieren, könnten Sie das Theaterstück oder den Film in einem dunklen und gruseligen Haus spielen.

Verwenden Sie Requisiten und Kostüme, um visuelles Interesse zu wecken. Requisiten und Kostüme können dabei helfen, die Figuren und das Setting zum Leben zu erwecken. Wenn Sie beispielsweise einen Kurs über Geschichte adaptieren, können Sie historische

Kostüme verwenden, um dem Publikum das Gefühl zu geben, in eine andere Zeit zurückversetzt zu sein.
Verwenden Sie Musik und Soundeffekte, um das Drama zu verstärken. Musik und Soundeffekte können dabei helfen, Spannung, Aufregung oder andere

Emotionen zu erzeugen. Wenn Sie beispielsweise einen Handlungsablauf anpassen, können Sie laute Soundeffekte verwenden, um ein Gefühl der Aufregung zu erzeugen.

Ich hoffe, diese Tipps helfen Ihnen dabei, Ihren Kurs an ein Theaterstück oder

einen Film
anzupassen.

MARKETING UND WERBUNG

Herzlichen Glückwunsch zur Fertigstellung Ihres Buches! Die Vermarktung Ihres Buches kann eine entmutigende Aufgabe sein, aber es ist wichtig, sich daran zu erinnern, dass Sie nicht allein sind. Es stehen viele Ressourcen zur Verfügung, die Ihnen dabei helfen, Ihr Buch zu bewerben, und mit ein wenig Planung und Aufwand können Sie Ihre Zielgruppe erreichen und Ihr Buch verkaufen.

Hier sind einige meiner besten Ratschläge für einen neuen Autor, der sein

Buch vermarkten möchte:

Früh anfangen. Der beste Zeitpunkt, mit der Vermarktung Ihres Buches zu beginnen, ist, bevor es überhaupt veröffentlicht wird. Dies gibt Ihnen Zeit, Begeisterung und Begeisterung für Ihr Buch zu wecken und potenzielle Leser zu erreichen.

Erstellen Sie einen starken Marketingplan. Ihr Marketingplan sollte eine klare Botschaft über Ihr Buch, eine Zielgruppe und einen Zeitplan für die Werbung enthalten. Sie sollten auch die besten Kanäle identifizieren, um

Ihre Zielgruppe zu erreichen. Bewerben Sie Ihr Buch online. Es gibt viele Möglichkeiten, Ihr Buch online zu bewerben, z. B. über soziale Medien, E-Mail-Marketing und Gast-Blogging. Sie sollten auch eine Website für Ihr Buch erstellen und darauf achten, dass diese für

Suchmaschinen optimiert ist.

Veranstalten Sie Veranstaltungen. Das Veranstalten von Veranstaltungen ist eine großartige Möglichkeit, mit potenziellen Lesern in Kontakt zu treten und Begeisterung für Ihr Buch zu wecken. Sie können Signierstunden,

Lesungen oder Vorträge veranstalten. Holen Sie sich Medienberichterstatt ung. Durch Medienberichterstatt ung über Ihr Buch können Sie ein breiteres Publikum erreichen. Sie können Journalisten und Blogger kontaktieren, um zu erfahren, ob

sie daran interessiert wären, über Ihr Buch zu schreiben.
Bitten Sie Ihr Netzwerk um Hilfe. Informieren Sie Ihre Freunde, Familie und Kollegen über Ihr Buch und bitten Sie sie, Ihnen bei der Verbreitung zu helfen. Sie können Ihr Buch in den sozialen Medien

teilen, es ihren Freunden empfehlen und sich selbst Exemplare des Buchs kaufen.

Sei geduldig. Die Vermarktung Ihres Buches erfordert Zeit und Mühe. Erwarten Sie nicht, über Nacht Ergebnisse zu sehen. Bleiben Sie einfach dran, und irgendwann werden Sie feststellen, dass Ihr Buch an Bedeutung gewinnt.

Hier sind einige zusätzliche Tipps, die für Sie hilfreich sein könnten:
Auf diese Frage gibt es keine allgemeingültige Antwort, da der beste Weg, ein Buch

herauszubringen, je nach Buch selbst, den Zielen des Autors und der Zielgruppe unterschiedlich ist. Es gibt jedoch einige allgemeine Tipps, die Autoren dabei helfen können, ihre Bücher erfolgreich auf den Markt zu bringen.

Der beste Weg, ein Buch herauszubringen?

Hier sind einige der besten Möglichkeiten, ein Buch herauszubringen:

Früh anfangen. Der beste Weg, ein Buch auf den Markt zu bringen, besteht darin, frühzeitig mit der Planung zu beginnen. Dies gibt Ihnen Zeit, Begeisterung für das Buch zu wecken, potenzielle Leser zu erreichen und sich Medienberichterstattung zu sichern. Erstellen Sie einen starken Marketingplan. Ihr Marketingplan sollte

eine klare Botschaft über das Buch, eine Zielgruppe und einen Zeitplan für die Werbung enthalten. Sie sollten auch die besten Kanäle identifizieren, um Ihre Zielgruppe zu erreichen.
Bewerben Sie Ihr Buch online. Es gibt viele Möglichkeiten, Ihr Buch online zu

bewerben, z. B. über soziale Medien, E-Mail-Marketing und Gast-Blogging. Sie sollten auch eine Website für Ihr Buch erstellen und darauf achten, dass diese für Suchmaschinen optimiert ist.

Veranstalten Sie Veranstaltungen. Das Veranstalten von Veranstaltungen ist eine großartige Möglichkeit, mit potenziellen Lesern in Kontakt zu treten und Begeisterung für Ihr Buch zu wecken. Sie können Signierstunden, Lesungen oder Vorträge veranstalten. Holen Sie sich Medienberichterstatt ung. Durch

Medienberichterstatt
ung über Ihr Buch
können Sie ein
breiteres Publikum
erreichen. Sie können
Journalisten und
Blogger kontaktieren,
um zu erfahren, ob
sie daran interessiert
wären, über Ihr Buch
zu schreiben.
Bitten Sie Ihr
Netzwerk um Hilfe.
Informieren Sie Ihre

Freunde, Familie und Kollegen über Ihr Buch und bitten Sie sie, Ihnen bei der Verbreitung zu helfen. Sie können Ihr Buch in den sozialen Medien teilen, es ihren Freunden empfehlen und sich selbst Exemplare des Buchs kaufen.

Wenn Sie diese Tipps befolgen, erhöhen Sie Ihre Chancen auf eine erfolgreiche Veröffentlichung Ihres Buches.

Hier sind einige zusätzliche Tipps, die für Sie hilfreich sein könnten:

Sorgen Sie für Aufsehen. Beginnen Sie damit, Begeisterung für Ihr Buch zu wecken, bevor es überhaupt erscheint. Sie können dies tun, indem Sie Auszüge aus dem Buch teilen, Blogbeiträge darüber schreiben oder Interviews geben.

Personalisieren Sie Ihre Werbung. Passen Sie Ihre Marketingbemühungen an Ihre Zielgruppe an. Was interessiert sie? Was sind ihre Schmerzpunkte? Was weckt bei ihnen den Wunsch, Ihr Buch zu lesen?

Seien Sie konsequent. Bewerben Sie Ihr Buch nicht nur

einmal und vergessen Sie es dann. Bleiben Sie auf dem Laufenden, indem Sie Updates in den sozialen Medien teilen, Blogbeiträge schreiben und Interviews geben. Viel Spaß! Ein Buch auf den Markt zu bringen ist eine Menge Arbeit, sollte aber auch Spaß machen. Entspannen Sie sich also, genießen Sie den Prozess und feiern Sie den Erfolg Ihres Buches.

Ich hoffe das hilft!

Was ist eine nationale Büchertour?

Eine nationale Büchertour ist eine Reihe von

Veranstaltungen, bei denen ein Autor in verschiedene Städte reist, um für sein Buch zu werben. Zu diesen Veranstaltungen können Signierstunden, Lesungen, Vorträge und Interviews gehören. Ziel einer nationalen Büchertour ist es, die

Bekanntheit des Buches zu steigern und Verkäufe zu generieren.

Sonderverkäufe sind eine Art Werbeaktion, die typischerweise von Buchhandlungen oder anderen Einzelhändlern angeboten wird. Diese Verkäufe können viele Formen annehmen, beispielsweise Rabatte, Gutscheine oder Gratisgeschenke. Das Ziel von Sonderverkäufen besteht darin, neue Kunden zu gewinnen und bestehende Kunden zum Kauf weiterer Bücher zu animieren.

Der
Hauptunterschied
zwischen einer
nationalen
Büchertour und
Sonderverkäufen
besteht darin, dass
eine nationale
Büchertour eine
persönlichere und
interaktivere
Möglichkeit ist, ein
Buch zu bewerben.

Wenn ein Autor für eine Signierstunde in eine Stadt reist, hat er die Möglichkeit, seine Fans zu treffen und mit ihnen zu interagieren. Dies kann dazu beitragen, Beziehungen zu den Lesern aufzubauen und ein Gefühl der Begeisterung für das Buch zu erzeugen.

Sonderverkäufe hingegen sind eine eher unpersönliche Möglichkeit, für ein Buch zu werben. Sie bieten Autoren nicht die gleiche Möglichkeit, mit Lesern in Kontakt zu treten. Allerdings können Sonderverkäufe eine sehr effektive Möglichkeit zur

Umsatzgenerierung sein, insbesondere wenn sie gut beworben werden.

Hier ist eine Tabelle, die die wichtigsten Unterschiede zwischen nationalen Büchertouren und Sonderverkäufen zusammenfasst:

Feature National Book TourSpecial Sales

Zweck: Ein Buch bewerben, Verkäufe generieren

Format Veranstaltungsreihe in verschiedenen StädtenRabatte, Gutscheine, Gratisgeschenke

Personalisierung Persönlich und

interaktivUnpersönli
ch
Die Wirksamkeit
    hängt von der
Beliebtheit des
Autors und der
Qualität des Buches
ab.   Kann bei guter
Werbung sehr
effektiv sein

Ich hoffe das hilft!

WIE ORGANISIERT MAN EINE

Signierstunde und worin besteht der Unterschied zu einer Buchvorstellung?

Hier sind einige Tipps, wie Sie eine Signierstunde organisieren:

Wählen Sie einen Veranstaltungsort.

Sie können Ihre Signierstunde in einer Buchhandlung, einer Bibliothek, einem Café oder an einem anderen öffentlichen Ort abhalten. Wenn Sie Ihre Veranstaltung in einem Buchladen veranstalten, müssen Sie mit dem Laden zusammenarbeiten, um eine

Genehmigung einzuholen und einen Platz zu sichern. Bewerben Sie die Veranstaltung. Informieren Sie die Leute über Ihre Website, Ihre sozialen Medien und Ihre E-Mail-Liste über Ihre Signierstunde . Sie können sich auch an lokale Medien wenden, um zu erfahren, ob sie an einer Berichterstattung über die Veranstaltung interessiert sind. Halten Sie genügend Bücher bereit. Stellen Sie sicher, dass Sie genügend Bücher für alle haben, die ihr Buch signieren lassen möchten. Sie können

auf der Veranstaltung
auch Bücher
verkaufen. Halten Sie
daher unbedingt eine
Kasse oder einen
Kreditkartenautomat
en bereit.
Stellen Sie einen
Tisch und Stühle auf,
damit der Autor
Bücher signieren
kann. Möglicherweise
möchten Sie auch
einen Tisch

einrichten, an dem
die Leute ihre Bücher
vor oder nach der
Veranstaltung zum
Signieren abgeben
können.
Halten Sie einige
Werbematerialien
bereit. Dies können
Lesezeichen, Flyer
oder Poster zu Ihrem
Buch sein. Sie
können den
Teilnehmern auch

kostenlose Exemplare Ihres Buches schenken.
Haben Sie einen Plan zur Massenkontrolle. Wenn Sie mit einer großen Menschenmenge rechnen, müssen Sie einen Plan haben, um für Ordnung zu sorgen. Dazu könnte gehören, dass jemand an der Tür steht, um

die Tickets zu kontrollieren, oder dass ein Warteschlangensystem vorhanden ist. Seien Sie bereit, Fragen zu Ihrem Buch zu beantworten. Die Leute werden wahrscheinlich Fragen zu Ihrem Buch haben, seien Sie also bereit, diese zu beantworten. Sie

können am Ende der Veranstaltung auch eine Frage-und-Antwort-Runde abhalten .
Viel Spaß!
Signierstunden sollen sowohl dem Autor als auch den Teilnehmern Spaß machen. Also entspannen Sie sich, genießen Sie es und

lernen Sie neue Leute kennen.

Hier sind einige der wichtigsten Unterschiede zwischen einer Signierstunde und einer Buchvorstellung:

Zielgruppe: Eine Signierstunde richtet sich in der Regel an

Fans des Autors oder des Buches, während sich eine Buchvorstellung in der Regel an ein breiteres Publikum wie Medien, Branchenexperten und potenzielle Leser richtet.
Inhalt: Eine Signierstunde konzentriert sich in der Regel darauf,

dass der Autor
Bücher für Fans
signiert, während
eine Buchvorstellung
eine Rede des Autors,
eine Frage-und-
Antwort-Runde oder
andere Aktivitäten
umfassen kann.
Werbung: Eine
Signierstunde wird
normalerweise bei
den Fans und
Anhängern des

Autors beworben, während eine Buchvorstellung normalerweise einem breiteren Publikum zugänglich gemacht wird.

Ich hoffe das hilft!

Was ist eine Buchautogrammstunde?

Ein Buchautogramm ist die Unterschrift eines Autors auf einem Buch. Oft wird es von einer persönlichen Nachricht oder Widmung begleitet. Buchautogramme sind bei Sammlern oft begehrt, da sie eine wertvolle Erinnerung an ein Lieblingsbuch oder einen Lieblingsautor sein können.

Es gibt verschiedene Möglichkeiten, ein Buch signieren zu lassen. Eine Möglichkeit besteht darin, an einer Signierstunde teilzunehmen, bei der der Autor Bücher für Fans signiert. Eine andere Möglichkeit besteht darin, den Autor direkt zu kontaktieren und ihn zu bitten, ein Buch für Sie zu signieren. Manchmal finden Sie signierte Bücher auch in Buchhandlungen oder online.

Wenn Sie ein Buch signieren lassen, sollten Sie einige Dinge beachten.

Stellen Sie zunächst sicher, dass Sie ein Buch haben, das der Autor geschrieben hat. Zweitens wählen Sie eine leere Seite im Buch aus, die Sie signieren möchten. Drittens: Seien Sie respektvoll gegenüber der Zeit und dem Raum des Autors. Abschließend möchten wir unbedingt dem Autor für seine Zeit und sein Autogramm danken.

Hier sind einige Tipps, wie Sie ein Buch signieren lassen können:

Bringen Sie das Buch frühzeitig zur Veranstaltung mit, damit Sie nicht in der

Schlange stehen
müssen.
Seien Sie höflich und
respektvoll
gegenüber dem
Autor.
Bitten Sie um eine
persönliche
Nachricht oder
Widmung.
Vielen Dank an den
Autor für seine Zeit.

Hier sind einige Dinge, die Sie vermeiden sollten, wenn Sie ein Buch signieren lassen:

Bringen Sie kein beschädigtes oder schmutziges Buch mit.
Bitten Sie den Autor nicht, ein Buch zu signieren, das er

nicht geschrieben
hat.
Bitten Sie den Autor
nicht, ein bereits
signiertes Buch zu
signieren.
Seien Sie nicht
aufdringlich oder
fordernd.

WIE KANN ICH EFFEKTIV AUF AMAZON.COM WERBEN?

Es gibt viele Möglichkeiten, effektiv auf Amazon.com zu werben. Hier sind einige der effektivsten Methoden:

Von Amazon gesponserte Produkte: Hierbei handelt es sich um ein Pay-per-Click-Werbeprogramm (PPC), mit dem Sie Ihre Produkte auf den Suchergebnisseiten von Amazon anzeigen können. Wenn ein Käufer nach einem Produkt sucht, das

Ihrem ähnelt, erscheint Ihre Anzeige möglicherweise oben auf der Suchergebnisseite. Amazon Product Display Ads: Hierbei handelt es sich um Image-Anzeigen, die auf Produktdetailseiten und in Produktsuchergebnis sen erscheinen. Sie sind eine gute Möglichkeit, Ihre Produkte bei Käufern zu bewerben, die bereits an Ihrem Angebot interessiert sind.

Amazon Headline Search Ads: Hierbei handelt es sich um Textanzeigen, die oben auf den Suchergebnisseiten von Amazon erscheinen. Sie sind eine gute Möglichkeit, Ihre Produkte bei Käufern zu bewerben, die nach bestimmten Schlüsselwörtern suchen.

Amazon-Videoanzeigen: Hierbei handelt es sich um Videoanzeigen, die

auf der Website und der mobilen App von Amazon erscheinen. Sie sind eine gute Möglichkeit, Ihre Produkte bei Käufern zu bewerben, die auf der Suche nach ansprechenden und informativen Inhalten sind.
Amazon Display & Video Creative Studio: Dies ist ein

Self-Service-Tool, mit dem Sie Ihre eigenen Amazon-Anzeigen erstellen und verwalten können. Dies ist eine gute Option für Unternehmen, die mehr Kontrolle über ihre Werbekampagnen haben möchten.

Bei der Erstellung Ihrer Amazon-Anzeigen ist es wichtig, Folgendes zu beachten:

Richten Sie Ihre Anzeigen auf die richtige Zielgruppe aus: Stellen Sie sicher, dass Ihre Anzeigen Personen angezeigt werden, die wahrscheinlich an

Ihren Produkten interessiert sind. Sie können dies erreichen, indem Sie Ihre Anzeigen auf der Grundlage von Schlüsselwörtern, demografischen Merkmalen und Interessen ausrichten. Verwenden Sie klare und prägnante Anzeigentexte: Ihre

Anzeigentexte sollten klar und prägnant sein und die Vorteile Ihrer Produkte hervorheben. Verwenden Sie hochwertige Bilder und Videos: Ihre Bilder und Videos sollten hochwertig und für Ihre Produkte relevant sein.

Verfolgen Sie Ihre Ergebnisse: Es ist wichtig, die Ergebnisse Ihrer Amazon-Anzeigen zu verfolgen, damit Sie sehen können, was funktioniert und was nicht. Dies hilft Ihnen, Ihre Kampagnen zu optimieren und das Beste aus Ihrem

Werbebudget herauszuholen.

Wenn Sie diese Tipps befolgen, können Sie effektiv auf Amazon.com werben und Ihre Zielgruppe erreichen.

ÜBERSETZUNGEN ALS MARKETINGWERKZEUG VERWENDEN

Die Übersetzung Ihrer Bücher in andere Sprachen bietet viele Vorteile. Hier sind einige davon:

Erreichen Sie ein breiteres Publikum:

Durch die
Übersetzung Ihrer
Bücher in andere
Sprachen können Sie
ein breiteres
Publikum
potenzieller Leser
erreichen. Dies kann
zu höheren Umsätzen
und Lizenzgebühren
führen.
Erhöhen Sie Ihre
Sichtbarkeit: Wenn
Ihre Bücher in andere

Sprachen übersetzt werden, werden sie für Leser auf der ganzen Welt sichtbarer. Dies kann Ihnen helfen, Ihre Autorenmarke aufzubauen und neue Leser zu gewinnen. Erweitern Sie Ihren Markt: Die Übersetzung Ihrer Bücher in andere Sprachen kann Ihnen dabei helfen, Ihren Markt zu erweitern und neue Vertriebskanäle zu erschließen. Beispielsweise können Sie Ihre übersetzten Bücher möglicherweise über internationale Einzelhändler oder über fremdsprachige Buchclubs verkaufen.

Lernen Sie neue Kulturen kennen: Durch die Übersetzung Ihrer Bücher in andere Sprachen können Sie neue Kulturen kennenlernen. Dies kann für Sie als Autor eine wertvolle Erfahrung sein und Ihnen auch helfen, mit Lesern aus anderen Kulturen in Kontakt zu treten. Bewerben Sie Ihre Bücher: Die Übersetzung Ihrer Bücher in andere Sprachen kann Ihnen dabei helfen, Ihre Bücher auf neuen Märkten zu bewerben. Sie können dies tun, indem Sie Buchmessen und

Festivals besuchen, ausländischen Medien Interviews geben und Ihre Bücher über soziale Medien und andere Online-Kanäle bewerben.

Wenn Sie darüber nachdenken, Ihre Bücher in andere Sprachen zu übersetzen, sollten

Sie einige Dinge beachten. Zunächst müssen Sie sicherstellen, dass Ihre Bücher gut geschrieben und von hoher Qualität sind. Sie müssen außerdem sicherstellen, dass Sie ein seriöses Übersetzungsbüro finden, das Ihre Bücher präzise und

professionell
übersetzen kann.

Die Übersetzung
Ihrer Bücher in
andere Sprachen
kann eine großartige
Möglichkeit sein, ein
breiteres Publikum
zu erreichen, Ihre
Sichtbarkeit zu
erhöhen und Ihren
Markt zu erweitern.
Wenn Sie es mit Ihrer

Karriere als Schriftsteller ernst meinen, sollten Sie darüber nachdenken.

AMAZON-KONkurrenten/ALTERNATIVEN

Hier sind 10 alternative unabhängige Verlage zu Amazon:

Barnes & Noble Press: Es handelt sich um einen traditionellen Verlag, der eine breite Palette von Dienstleistungen anbietet, darunter Redaktion, Marketing und Vertrieb.

CreateSpace : Es handelt sich um eine Self-Publishing-Plattform, die es Autoren ermöglicht, ihre Bücher über Amazon zu veröffentlichen und zu verkaufen.

IngramSpark : Es handelt sich um einen Print-on-Demand-Verlag (POD), der es Autoren ermöglicht, ihre Bücher über verschiedene Einzelhändler, darunter Amazon, zu veröffentlichen und zu verkaufen.

Lulu: Es handelt sich um einen POD-Verlag, der es Autoren ermöglicht, ihre Bücher in verschiedenen Formaten zu veröffentlichen und zu verkaufen, darunter gedruckte Bücher, E-Books und Hörbücher.

Pear Press: Es handelt sich um einen traditionellen Verlag, der sich auf die Veröffentlichung von Büchern für Kinder und junge Erwachsene konzentriert. Prometheus Books: Es handelt sich um einen gemeinnützigen Verlag, der Bücher zu

verschiedenen Themen veröffentlicht, darunter Wissenschaft, Philosophie und Politik.
Small Press Distribution: Hierbei handelt es sich um einen Vertriebshändler, der mit unabhängigen Verlagen

zusammenarbeitet, um deren Bücher in Buchhandlungen und Bibliotheken zu bringen.

Smashwords : Es handelt sich um einen POD-Verlag, der es Autoren ermöglicht, ihre E-Books über verschiedene Einzelhändler, darunter Amazon, zu veröffentlichen und zu verkaufen. Unbound Books: Es handelt sich um einen Crowdfunding-Verlag, der es Autoren ermöglicht, Geld für die Veröffentlichung ihrer Bücher zu sammeln.

WordPress : Es handelt sich um ein Content-

Management-System,
das es Autoren
ermöglicht, eigene
Websites zu erstellen
und zu
veröffentlichen.

Dies sind nur einige
der vielen
verfügbaren
unabhängigen
Verlage. Bei der
Auswahl eines
Verlags ist es wichtig,

Ihre Bedürfnisse und Ziele zu berücksichtigen. Möchten Sie mit einem traditionellen Verlag zusammenarbeiten, der mehr Dienste anbietet, oder möchten Sie selbst veröffentlichen und mehr Kontrolle über den Prozess haben? Möchten Sie in gedruckter Form oder als E-Book veröffentlichen? Sobald Sie Ihre Bedürfnisse berücksichtigt haben, können Sie mit der Suche nach Verlagen beginnen, um die beste Lösung für Sie zu finden.

WIE KANN ICH AUF AMAZON.COM EFFEKTIV WERBEN?

Es gibt viele Möglichkeiten, effektiv auf Amazon.com zu werben. Hier sind einige der effektivsten Methoden:

Von Amazon gesponserte Produkte: Hierbei handelt es sich um ein Pay-per-Click-Werbeprogramm (PPC), mit dem Sie Ihre Produkte auf den Suchergebnisseiten von Amazon anzeigen können. Wenn ein Käufer nach einem Produkt sucht, das

Ihrem ähnelt, erscheint Ihre Anzeige möglicherweise oben auf der Suchergebnisseite. Amazon Product Display Ads: Hierbei handelt es sich um Image-Anzeigen, die auf Produktdetailseiten und in Produktsuchergebnis sen erscheinen. Sie sind eine gute Möglichkeit, Ihre Produkte bei Käufern zu bewerben, die bereits an Ihrem Angebot interessiert sind .

Amazon Headline Search Ads: Hierbei handelt es sich um Textanzeigen, die oben auf den Suchergebnisseiten von Amazon erscheinen. Sie sind eine gute Möglichkeit, Ihre Produkte bei Käufern zu bewerben, die nach bestimmten Schlüsselwörtern suchen.

Amazon-Videoanzeigen: Hierbei handelt es sich um Videoanzeigen, die auf der Website und der mobilen App von Amazon erscheinen. Sie sind eine gute Möglichkeit, Ihre Produkte bei Käufern zu bewerben, die auf der Suche nach ansprechenden und informativen Inhalten sind. Amazon Display & Video Creative Studio: Dies ist ein

Self- Service-Tool, mit dem Sie Ihre eigenen Amazon-Anzeigen erstellen und verwalten können. Dies ist eine gute Option für Unternehmen, die mehr Kontrolle über ihre Werbekampagnen haben möchten.

Bei der Erstellung
Ihrer Amazon-
Anzeigen ist es
wichtig, Folgendes zu
beachten:

Richten Sie Ihre
Anzeigen auf die
richtige Zielgruppe
aus: Stellen Sie
sicher, dass Ihre
Anzeigen Personen
angezeigt werden, die
wahrscheinlich an

Ihren Produkten interessiert sind. Sie können dies erreichen, indem Sie Ihre Anzeigen auf der Grundlage von Schlüsselwörtern, demografischen Merkmalen und Interessen ausrichten. Verwenden Sie klare und prägnante Anzeigentexte: Ihre

Anzeigentexte sollten klar und prägnant sein und die Vorteile Ihrer Produkte hervorheben. Verwenden Sie hochwertige Bilder und Videos: Ihre Bilder und Videos sollten hochwertig und für Ihre Produkte relevant sein.

Verfolgen Sie Ihre Ergebnisse: Es ist wichtig, die Ergebnisse Ihrer Amazon-Anzeigen zu verfolgen, damit Sie sehen können, was funktioniert und was nicht. Dies hilft Ihnen, Ihre Kampagnen zu optimieren und das Beste aus Ihrem

Werbebudget herauszuholen.

Wenn Sie diese Tipps befolgen, können Sie effektiv auf Amazon.com werben und Ihre Zielgruppe erreichen.

WAS SIND DIE VOR- UND NACHTEILE DER SERIALISIERUNG EINES BUCHS?

Die Serialisierung eines Buches hat sowohl Vor- als auch Nachteile.

Vorteile:

Schafft Vorfreude:
Die Serialisierung
eines Buches kann
dazu beitragen,
Vorfreude auf das
Endprodukt zu
wecken. Denn die
Leser werden
sehnsüchtig auf die
nächste Folge warten,
was dazu beitragen
kann, ein Gefühl von
Aufregung und

Spannung zu erzeugen.

Erhöht das Engagement: Die Serialisierung eines Buches kann auch dazu beitragen, das Engagement der Leser zu steigern. Dies liegt daran, dass die Wahrscheinlichkeit, dass Leser auf das Buch zurückkommen,

größer ist, wenn sie
wissen, dass noch
weitere Inhalte auf
sie warten.

Ermöglicht
Feedback: Die
Serialisierung eines
Buches kann auch
Feedback von Lesern
ermöglichen. Dies
liegt daran, dass
Leser ihre Gedanken
und Meinungen zu
dem Buch bei der

Veröffentlichung
mitteilen können,
was dem Autor helfen
kann, das Buch zu
verbessern.

Nachteile:

Es kann schwierig
sein, mit dem
Schreiben einer Serie
Schritt zu halten. Es
kann schwierig sein,
mit der Serialisierung

eines Buches Schritt zu halten, insbesondere wenn das Buch lang oder komplex ist. Dies liegt daran, dass die Leser regelmäßig neue Inhalte erwarten und der Autor in der Lage sein muss, diese Erwartungen zu erfüllen.

Kann schwierig zu vermarkten sein: Die Serialisierung eines Buches kann schwierig zu vermarkten sein, insbesondere wenn das Buch nicht sehr bekannt ist. Dies liegt daran, dass die Leser möglicherweise nicht wissen, dass das Buch in Fortsetzungen veröffentlicht wird, und sie möglicherweise nicht daran interessiert sind, ein Buch zu beginnen, von dem sie wissen, dass sie es nicht sofort fertigstellen können.

Es kann schwierig sein, es fertigzustellen: Die Serialisierung eines Buches kann schwierig sein,

insbesondere wenn
der Autor das
Interesse an dem
Projekt verliert oder
auf kreative
Hindernisse stößt.
Dies liegt daran, dass
der Autor in der Lage
sein muss, an dem
Projekt festzuhalten,
bis es abgeschlossen
ist, auch wenn es
lange dauert.

Letztendlich ist die Entscheidung, ob ein Buch veröffentlicht wird oder nicht, eine persönliche Entscheidung. Es sind sowohl Vor- als auch Nachteile zu berücksichtigen, und die beste Option für Sie hängt von Ihren spezifischen Bedürfnissen und Zielen ab.

Hier sind einige zusätzliche Dinge, die Sie berücksichtigen sollten, wenn Sie entscheiden, ob ein Buch veröffentlicht werden soll oder nicht:

Das Genre des Buches: Einige Genres eignen sich besser für die

Serialisierung als andere. Beispielsweise können Fortsetzungsliteratur eine tolle Möglichkeit sein, Vorfreude und Spannung zu wecken, während Fortsetzungsliteratur eine tolle Möglichkeit sein kann, Leser regelmäßig über ein bestimmtes Thema

auf dem Laufenden
zu halten.
Ihre Zielgruppe:
Auch Ihre Zielgruppe
spielt eine Rolle bei
der Entscheidung, ob
Sie Ihr Buch
veröffentlichen oder
nicht. Wenn Ihre
Zielgruppe aus
Menschen besteht,
die es gewohnt sind,
Inhalte in einem
serialisierten Format

zu konsumieren, kann die Serialisierung Ihres Buches eine gute Option sein. Wenn Ihre Zielgruppe es jedoch nicht gewohnt ist, Inhalte in einem serialisierten Format zu konsumieren, ist die Serialisierung Ihres Buchs möglicherweise nicht die beste Option.

Ihre eigenen
Vorlieben:
Letztendlich ist die
Entscheidung, ob ein
Buch veröffentlicht
wird oder nicht, eine
persönliche
Entscheidung. Wenn
Ihnen die Idee, Ihr
Buch als
Fortsetzungsgeschich
te zu veröffentlichen,
gefällt und Sie der
Meinung sind, dass

dies der beste Weg ist, Ihre Zielgruppe zu erreichen, dann entscheiden Sie sich dafür. Wenn Ihnen die Idee, Ihr Buch als Veröffentlichung zu veröffentlichen, jedoch nicht gefällt oder Sie der Meinung sind, dass dies nicht der beste Weg ist, Ihre Zielgruppe zu erreichen, dann

lassen Sie es lieber
sein.

ANDERE BÜCHER DESSELBEN AUTORS

1. Zehn Fälle, in denen ein Mann seiner Frau nicht gehorchen darf.

2. Wie man rücksichtslos mit Bauerngeistern umgeht.

3.   Der schnellste Weg, Menschen zu Jüngern zu machen.

4.   Wie man rücksichtslos mit dem Geist des Auf- und Abstiegs umgeht

5.   WAS WIRD GOTT DIE PASTOREN AM

JÜNGSTEN
FRAGEN
FRAGEN?

6.   Die größten
Fehler, die die
Jugend von
heute macht

7.   Die größten
Waffen, die
Jesus uns
gegeben hat

8. SO STÄRKEN SIE IHRE KINDER.

9. Wie Sie rücksichtslos mit der plötzlichen Dummheit Ihrer Frau umgehen können.

10. WARUM ICH CHATGPT VON MEINEM

TELEFON
GELÖSCHT
HABE.

11.   Wie man
rücksichtslos
mit Übeln
umgeht, die
nachts
zuschlagen

12.   Wie man
rücksichtslos
mit Feinden
umgeht .

13. ZEHN DINGE, DIE SIE WIRKLICH ZU EINEM CHRISTEN MACHEN.

14. Wie Gott die Menschen auf Ausbeutung vorbereitet.

15. WOHER ERKENNEN,

OB EIN
MÄDCHEN EIN
HAUSFRAUEN
MATERIAL IST

ÜBER DEN AUTOR

Im Laufe der Jahre haben New Dimensions Ministries ihren Schülern Finanzintelligenz beigebracht. Der Grund dafür ist, dass das Ministerium nur drei Beine hat, nämlich; Integrität, Salbung und Evangelisation.